AF191464

Chaos & Schönheit
Hannah Koinig

HANNAH KOINIG

Chaos & Schönheit

Bibliografische Information der Deutschen Nationalbibliothek: Die Deutsche Nationalbibliothek verzeichnet diese Publikation in der Deutschen Nationalbibliografie; detaillierte bibliografische Daten sind im Internet über dnb.dnb.de abrufbar.

© 2025, Hannah Koinig
Korrektorat: Lektorat Porschen
Cover&Buchsatz: Dena Designs | Dena Taherianfar
Verlag: BoD · Books on Demand GmbH,
Überseering 33, 22297 Hamburg, bod@bod.de
Druck: Libri Plureos GmbH,
Friedensallee 273, 22763 Hamburg
ISBN: 978-3-8192-4762-0

An euch, die wie Sterne
in dunklen Zeiten
meinen Weg erleuchteten;
die immer für mich da sind,
mit mir im Regen tanzen,
die Ruhe der Natur genießen,
die kleinen Wunder des Lebens bestaunen
und mein Herz mit Liebe erfüllen.

Und für dich;
mögen deine Hoffnungen
und Träume sich erfüllen
und wie ein wilder Garten erblühen.

Diese Gedichte, Gedanken
und gefühlten Worte entstanden
durch Erzählungen des Lebens,
meine Erfahrungen und
Gedankenblitze.

Sonnenschein

Du bist wie die Frühlingssonne
nach einem dunklen, langen Winter,
wie die erste Blüte nach langer Trockenheit,
wie das erste Vogelzwitschern
nach der Stille im Schnee,
wie ein Sommerregen nach langer Hitze,
wie eine Umarmung nach langer Einsamkeit.

Du bist Sonnenschein für meine Seele.

Löwenzahn

Liebe, Hoffnung, Licht vergeh'n,
fühlst dich wie lebendig begraben.
Hoch, hoch, hoch strebst du,
wie ein Löwenzahn,
der seine Wurzeln schlägt
und zu blühen beginnt.
Fühlst Hoffnung, Liebe und Licht;
erkennst,
du wurdest gepflanzt,
nicht lebendig begraben.

Die Tänzerin

Das Mädchen mit den Sternen in den Augen erkannte schließlich, dass nur sie sich selbst genug lieben konnte.

Ihre innere Sonne würde nur durch ihre eigene Kraft, Freundlichkeit und Liebe erhellt werden.

Nur sie konnte die dunklen Wolken voller Donner verscheuchen.

Sie musste sich entscheiden, ob sie im Regen tanzen oder neben dem Himmel Tränen regnen wollte; in sonnigen und bewölkten Zeiten tanzen oder wie die Blätter im Sturm fallen.

Eines Tages würde sie sich selbst all die Herzlichkeit zeigen, die sie anderen gab.

Eines Tages würde sie wieder voller Lachen und Licht strahlen und durch die Dunkelheit leuchten.

Eines Tages würde sie frei sein – und dieses Mädchen war ich.

Hoffnung

Die Hoffnung, sie wuchs,
war ein Setzling, so klein.
Fand einen Platz im Herzen,
verbannte die Schmerzen.
Schlug ihre Wurzeln hinein,
erblühte in Liebe.

Dunkelheit

Wer Angst vor der Dunkelheit hat,
sieht vielleicht niemals die Sterne.
Wer Angst vor dem Licht hat,
sieht vielleicht niemals die Sonne.
Wer Angst vor seinen Träumen hat,
erfüllt sie vielleicht niemals.
Wer Angst vor dem Leben hat,
stirbt vielleicht jeden Tag ein bisschen.

Liebe

Fühlst du dich sicher und geborgen,
oder bringt dir diese Liebe nur Sorgen?
Kannst du ganz du selbst sein,
oder hast du das Gefühl,
du musst dich verbiegen?
Lass nicht zu, dass sie deine Flügel stutzen,
du gehörst in keinen Käfig.

Du verdienst jeden Tropfen Liebe;
jedes Strahlen voll Glück.
Du verdienst so viel.
Gib dich nicht auf,
wie schwer es auch scheint.

Gedanken

Du sagst, ich zerdenke alles;
fühle zu viel.
Doch was, wenn ich es nicht mehr tue?
Lebe und liebe ich dann noch?

Sonnenblume

Du strebst nach Licht und Geborgenheit,
doch vergisst, dass du beides schon in dir trägst.
Lass nicht zu, dass andere dein Leuchten verdunkeln.

Sonnenschein

Du bist ein großer Sonnenschein,
der anderen Liebe und Wärme bringt.
Doch wer rettet dich, wenn dich dunkle Wolken
zu erdrücken drohen?
Wer wärmt dich, wenn du nur noch Kälte spürst?
Wer bietet dir Licht in deinen dunkelsten Stunden?

Sternsplitter

Wir alle sind zersplitterte Sterne;
immer auf der Suche nach unserer anderen Hälfte.
Selbst unsere schönsten und liebenswertesten
Seiten sind gebrochen
und dennoch leuchten wir immer weiter;
leuchten, bis wir erlöschen
und wieder Teil des Himmels werden.

Gedankenkarussell

Meine Gedanken sind viel zu schnell,
zu viele, drehen sich wie ein Karussell,
es hält nicht an, mir wird schwindelig,
brauche eine Pause, doch es geht unaufhörlich weiter.

Doch dann stoppt alles;
die Welt wird unendlich still,
ihr erinnert mich an meine innere Ruhe und Stärke;
macht mir klar,
dass auch eine Karussellfahrt einmal endet.
Ruhe macht sich in mir breit,
gibt mir Kraft und Hoffnung.
Ich bin nicht allein auf dieser Karussellfahrt,
auch wenn es sich manchmal so anfühlt.
Unendliche Dankbarkeit für euch erfüllt mein Herz.

Kleiner Träumer

Gib nicht auf, kleiner Träumer!
Du kannst immer noch hoffen,
bessere Tage liegen vor dir,
kannst dir Zeit lassen;
musst nichts überstürzen.
Bist nicht zu alt.
Träume brauchen Zeit zum Wachsen,
 genau wie Blumen.
Du wirst es schaffen und bist nie allein.
Da ist so viel Liebe für dich in deinem Umfeld.

Lärm

Kopfhörer auf, Musik laut, Welt leise.
Kopfhörer auf, Unruhe wird Ruhe.
Kopfhörer auf, Disharmonie wird zu Harmonie.
Lärm wird zur Stille.

Schwestern

Wir sind wie Mond, Sonne und Sterne –
so verschieden, strahlen auf unsere eigene Art.
Hätten uns vielleicht nie getroffen, wenn wir nicht
Teil eines familiären Sternenbilds wären.
Leuchten gemeinsam und doch allein.
So schön kann Liebe sein.

Käfig

Druck auf der Brust,
Flügel gestutzt,
Sehnen nach Freiheit,
nach Flügelschlägen voll Ruhe,
nach dem Wind der Veränderung –
wildes Herz gefangen im Käfig.

Antun

Ich kann dir das nicht antun,
sagst du.
Aber was tut es mir an?
Du sagst,
ich kann dich nicht allein lassen,
doch was, wenn ich mich so selbst allein lasse?

Intuition

Du kennst den richtigen Weg,
der dir guttun wird.
Ich weiß, du hast Angst,
aber vor dir liegt so viel.
So viel innerer Friede, so viel Liebe,
so viel Du-selbst-sein und genau so geliebt werden.

Hass

Du trägst so viel Hass in dir,
so viel Wut.
Niemand ist dir gut genug.
In jedem siehst du Fehler.
Jeder Sonnenstrahl wird von dir erstickt.
Du nimmst mir die Luft zum Atmen.

Merkst du, was du tust, oder ist es dir egal?
Du zerbrichst meine Seele wie eine Scheibe;
zerquetscht meine Liebe wie eine Beere.
Ich will das nicht mehr;
will meine Sonnenstrahlen nicht verdunkeln lassen;
meine Seele aufatmen lassen – frei sein.

Elefantenhaut

Wäre meine Haut dicker,
wäre sicher einiges leichter.
Aber wenn ich nicht so tief fühlen würde,
wären auch all die anderen Dinge so farblos,
und all die Tiefen und Höhen so viel leiser.
Vielleicht ist meine Haut genau richtig,
nicht zu dünnhäutig, nein – vielfühlig.

Kleinhalten

Hältst mich klein,
erdrückst mich,
hältst mich gefangen,
nimmst mir die Freiheit,
verwehrst mir mein Ich,
verdunkelst meine Sonne,
nimmst mir das Licht.

Will frei sein,
meine Flügel spannen,
den Wind spüren,
die Leichtigkeit,
ganz ich sein,
eine kleine Person
mit unendlich großen Gefühlen.

Empathie

Wie schön könnte die Welt mit mehr Empathie sein?
Wie viel liebevoller,
verständnisvoller,
sanfter,
ruhiger,
entschleunigt,
voller lieber Gedanken und Gefühle.

Zerren

Ihr zerrt an mir,
drückt mich nieder,
sperrt mich ein,
sperrt mich aus,
fühle mich fremd
im eigenen Haus.

Seelenfreund

Du verstehst mich in einer unglaublichen Tiefe,
lässt mich sein, wie ich bin, mit allen Ängsten,
Hoffnungen und Träumen.
Verstärkst meine Ruhe, meine Zuversicht,
klärst den Nebel meiner Gedanken.

Bin dir nie zu viel, nie zu wenig, immer genug.
Fühl mich sicher und geborgen,
du öffnest das Tränenventil,
hörst und verstehst meine Sorgen,
bringts mir Hoffnung für das Morgen.

Ich bin unendlich dankbar für dich,
glaub, das Universum schickte dich.

Chance

Gib dir selbst Liebe.
Du bist es wert.
Veränderung ist beängstigend,
aber sie ist auch eine Chance.
Du verdienst es, geliebt zu werden,
glücklich zu sein,
wertgeschätzt zu werden.

Zwei Seelen

Ach, zwei Seelen sitzen in meiner Brust.
Eine bereit zum Aufbruch,
die andere klammert sich an vermeintlich Sicheres,
Bekanntes.
Ach, zwei Füße ertasten den Weg.
Der eine will Altbekanntem folgen,
der andere neue Pfade erkunden.
Ach, in zwei Richtungen zieht mein Herz.
Doch welcher soll es folgen?

Kälte

Sehe keine Liebe mehr in euren Augen;
höre nur Hass in euren Worten;
fühle nur Kälte in eurem Sein.
Spüre nur Missgunst und Kontrolle,
wo einst Frieden und Liebe weilte.

Chaos und Schönheit

Vielleicht sollte ich das Chaos in mir
nicht länger unterdrücken.
Ihm keine Ordnung aufbürden;
es als einen Teil von mir akzeptieren;
die Schönheit und Wildheit darin erkennen;
es sein lassen, mich sein lassen.
Ein geordnetes Chaos in chaotischer Ordnung.

Kaninchen

Erfüllt mein Herz mit Liebe,
seid immer für mich da,
lauscht mit euren Löffeln,
wie schwer mein Tag auch war,
bringt mich zum Lachen,
durch Sprünge und Flitzerein,
schenkt mir Frieden,
zwei flauschige Herzen voller Liebe.

Eberesche

Einfühlsam, empathisch,
verwurzelt in tiefen Gedanken.
Charismatisch und diplomatisch,
entwurzelt Konflikte, lässt neue Blätter wachsen.
Gedeiht, wo ihr Herz sich frei und willkommen fühlt.
Balance von der tiefsten Wurzel bis zur Baumkrone.
Eberesche, ich.

Vermeintliche Sicherheit

Es wurde dein Rückzugsort,
doch ohne Frieden.
Deine falsche Sicherheit,
voll Unsicherheit.
Deine Freiheit,
im Käfig.
Dein Du-sein,
während du dich selbst verlierst.
Dein sicherer Hafen,
ohne Anker.
Dein Ende,
obwohl so viele Anfänge in dir stecken.

Kontrolle

Du sagst, Liebe kostet nichts,
doch du willst eine Gegenleistung.
Tust etwas für die Familie,
doch eigentlich nur für dich.
Willst Lob und Anerkennung
für Selbstverständlichkeit.
Willst Kontrolle statt Frieden.

Wann nur

Wann haben wir angefangen,
du bist aber ein guter Mensch
als Beleidigung zu verwenden?
Unsere Herzen vor der Menschlichkeit
und Güte zu verschließen?
Wann werden wir es beenden und
einen Weg voller Herzlichkeit und
Freundlichkeit wählen?
Wann die Liebe über den Hass siegen lassen;
das Herz über den Verstand?

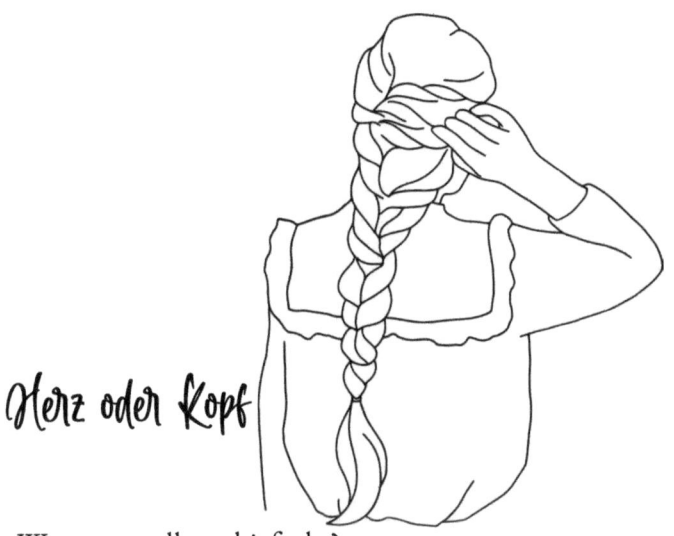

Herz oder Kopf

»Was, wenn alles schiefgeht?«,
fragt der Kopf.
»Was, wenn alles gut geht und viel besser wird?«,
antwortet das Herz.

»Was, wenn ich es nicht kann?«,
fragt die Furcht.
»Was, wenn alles so wird, wie du es dir wünscht?«,
entgegnet die Hoffnung.

Seelensturm

Das Kümmern entschwindet,
muss allein zum sicheren Hafen finden,
meine Ängste überwinden,
durch die stürmische See gelangen,
der Held sein, der mich rettet,
frei und ich.

Selbstliebe

Selbstliebe: unendlich schwer zu finden,
unendlich schön auszuleben.

Ich liebe ...
meine dunklen Augen,
die Sternstraße in meinem Gesicht,
die Wärme meines Lachens,
die Güte meines Herzens,
die Empathie meiner Seele,
die kleine Sonne in mir.

Gefühlschaos

Verworrene Gefühle,
versunken in Gedanken,
Blumenranke ums Herz,
erblüht in Hoffnung,
verwelkt in Sorgen.
Fürchtet das Licht,
gedeiht in Finsternis.

Loslassen

■—■—■—■□■—■—■—■

Vielleicht muss ich die Freundschaft lösen;
sie in Erinnerung behalten, aber dich ziehen lassen.
Vielleicht war sie dir etwas wert.
Vielleicht wolltest du dich lieber erinnern,
als sie in der Gegenwart zu leben.

Vielleicht ist auch dein Leben zu voll,
und ich habe keinen Platz mehr darin.
Vielleicht hast du mich auch längst vergessen,
und ich spiele in deinen Gedanken keine Rolle mehr.

Vielleicht bist du längst weitergezogen,
während ich auf dich gewartet hab.
Vielleicht tut festhalten mehr weh,
als loszulassen.

Vielleicht erinnere ich dich auch an Dinge,
die du längst vergessen wolltest.
Vielleicht hast du eines Tages doch Zeit,
und magst dich treffen,
doch wenn eines Tages nie kommt,
wünsch ich dir vom Herzen alles Liebe für dein Leben.

Needy

Du sagst, ich sei emotional bedürftig,
doch weißt du, wie schwer es für mich ist,
nicht alles alleine zu regeln,
mich anderen anzuvertrauen,
nicht immer still zu kämpfen,
ohne Hilfe?

Seelenbrand

Seele brennt,
Zeit, sie rennt,
Suche in Gedanken,
Seele in der Realität entzweit.

Motten

Sie alle werden wie Motten
von deinem inneren Leuchten angezogen,
doch fürchten sich vor deinen Schatten,
und wissen nicht,
dass Licht nicht ohne Schatten existiert
und Freude selten ohne Leid.

Tarnmantel

Hast du es nicht satt, dich immer zu verstecken?
Nur den wenigsten dein wahres Ich zu zeigen?
Immer getarnt in den Schatten,
so oft allein.
Verborgen hinter selbsterbauten Mauern,
welche dir den Blick auf die Welt und
andere Menschen entziehen.

Schmetterling

Schmetterling, deine Zeit,
sie kommt,
entfalte deine Flügel,
entfliehe der Dunkelheit,
zeig dich,
flieg neugeboren zu Blumen,
lass den alten Schmerz ziehen,
tanz in der goldenen Sonne.

Monster

Ein Monster, es grollt in mir.
Oder ist es ein Gefühl,
das unverstanden umherschwirrt?
Doch was, wenn all das ausbricht wie ein Vulkan,
der nur erloschen schien?
Die Angst fesselt mich.
Was wenn das Biest sich befreit, alles zerstört,
das ich liebe?
Vielleicht braucht es keine Kontrolle,
sondern Verständnis.
Vielleicht will es nur endlich alles fühlen,
gesehen und gehört werden,
nicht entmenschlicht und verbannt.

Licht und Schatten

—✶—✶—✦—✶—✶—

Wo ich Licht bin,
ist er Schatten.
Wo ich Verständnis zeige,
lebt er Verärgerung.
Ich will ihre Schreie zu Musik machen,
aber ihre Wut zerstörte die Symphonie,
ihr Hass verstärkte den Lärm.

Wagnis

Sie würde etwas tun,
das ihr wahnsinnige Angst machte,
ihr alles abverlangte,
doch sie wusste,
sie musste es tun.
Um zu leben,
richtig zu leben.

Zerbrochen

Nicht mehr das einsame Mädchen,
verlassen von allen,
sondern eine starke Kriegerin,
die eine Stadt aus zerbrochenen Träumen baut,
ihr Herz heilt.

Chaos und Licht

Sie war Chaos und Licht,
ein Gemisch aus Liebe und Angst.
Voll dunkler Gedanken und Träume.
Ein zerfallendes Universum,
hoffend auf einen Neubeginn als Stern.

Wunder

Könntest du doch deine Seele tanzen sehen,
wie hell du leuchtest.
Könntest dich bloß durch meine Augen sehen,
all die Wunder, die du der Welt bringst.
Wie zauberhaft wäre das.

Sonnenuntergang

Schönheit des Sonnenuntergangs,
wie ein Fluss, der meine Seele hinabgleitet,
Ruhe, die mein Herz durchströmt.

Wir

Er war Stille in einer Welt voll Lärm.
Sie war Musik, wo nur Krach tönte.
Sie waren Liebe, als der Hass größer wurde,
Empathie in einer Welt voller Gefühlslosigkeit.

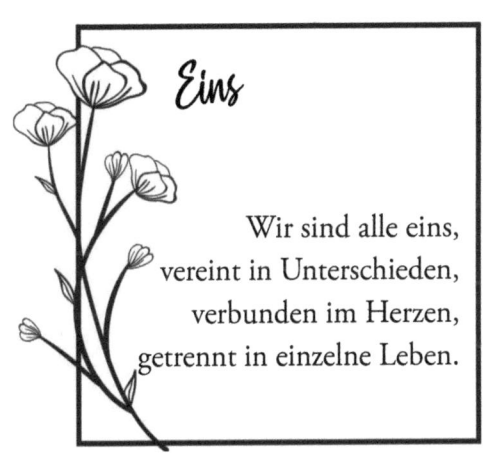

Eins

Wir sind alle eins,
vereint in Unterschieden,
verbunden im Herzen,
getrennt in einzelne Leben.

Ich

Stroh im Haar,
Blumenwiese im Kopf,
Sonne im Herzen,
Chaos auf der Haut,
Träume in der Seele,
Herz voller Liebe.

Gebrochen

Hätt Berge für dich versetzt,
Ozeane verschoben,
Gestirne entrückt,
doch du ...
hast dir nicht mal Zeit genommen,
war dir wichtig,
doch nie wichtig genug,
zu viel und doch zu wenig,
wollte nur dich,
doch du nur jemanden.

Lastenesel

Man sagt,
Kinder dürfen nicht so schwer tragen,
doch warum habt ihr mir
all eure Päckchen aufgebürdet,
meine kleinen Schultern
mit so viel Last niedergedrückt,
mein winziges Herz mit Sorgen gefüllt?

Wut

Lauerst hinter jede Ecke,
sprichst Worte nur aus Wut,
bin dir immer zu viel,
zu wenig und doch nicht gut genug,
obgleich dein eigen Fleisch und Blut.

Worte

Worte aus Wut,
sie bleiben,
auch wenn der Ärger verpufft;
eingraviert in Herzen,
vernarbt in der Seele.

Worte aus Liebe,
sie heilen;
Lichtball im Herzen,
Wärme in der Seele.

Freunde

Sie war Frühling in einer Welt voll Winter,
er die Sommerblume, wo nur Verwelktes stand.
Sie waren Wärme, wo nur Kälte drohte
und Freunde, wo man Liebe selten fand.

Du

Und als du kamst,
da wollt ich leben,
richtig leben,
nicht immer nur schnell, schnell,
alles erreichen, was man halt so macht,
lieber innehalten, mit dem Herzen sehen,
eigene Wege schaffen, laut und frei lachen,
Stille genießen, statt Ängste, die sprießen.
Als du kamst,
fanden die kleinen Dinge wieder mein Herz,
zerstückelten Schritt für Schritt alten Schmerz.
Als du kamst,
begann ich zu sehn und mich besser zu versteh'n.
Als du kamst, hofft ich, du würdest nie mehr geh'n.

Herzstücke

Euch gehören Stücke meines Herzens.
Freunden, mit denen man Licht und Schatten teilt;
die Welt in den kleinsten Momenten
und Dingen entdeckt,
Dinge probiert, gemeinsam wächst und erblüht,
wo Geborgenheit und Wärme herrscht,
wo Stolpern eine Chance aufzustehen ist und
ein »Wie geht's dir?« eine Umarmung fürs Herz.
Wo innere Dämonen festgehalten
und gesehen werden,
und unendliche Dankbarkeit von innen wärmt,
wo Liebe strahlt und man mit allen
liebenswerten Ecken und Kanten sein darf.
Euch gehört ein Stück meines Herzens.

Du und Ich

Mit dir wird Gewöhnliches außergewöhnlich.
Lärm zu Stille,
Hast zur Rast,
Finsternis zu Licht,
Alleinsein zu Verbundenheit.

Seelenlicht

Und wenn du gerade traurig bist und
dein Herz Hoffnung vermisst,
dann setz dich zu mir in mein Licht.

Wärm dich am Feuer meines Herzens.
Mein Licht wird durchs Teilen nicht weniger,
ich nähre es durch Liebe und Dankbarkeit.

Wie dunkel dein Weg auch ist, ich teil mein Licht.
Wie eine Laterne begleite ich dich,
weil du mir wichtig bist.

Danke, liebes Ich

Danke an meine Augen, die all die kleinen und großen Wunder des Lebens sehn.

An mein Herz, das so voller Liebe und Wärme ist.

An meine Hände und Arme, die kreieren und die schönsten Umarmungen geben.

An meine Nase, die so intensiv wahrnimmt, mich Blumen, Regen, Jahreszeiten, meine Liebsten und so viel mehr riechen lässt.

An meinen Kopf, der so voller Gedanken ist, aber doch immer ein Licht sieht.

An meine Muttermale, gesät wie ein Sternenhimmel.

An meine Tigerstreifen, die vom Wachsen erzählen.

An meine Lachfalten, die all die glücklichen Momente für mich tragen.

An meine Füße, die mit mir durchs Leben stolpern und tanzen.

Schlussgedanken

Für dich, meine Freunde und uns alle:

Ich wünschte, du könntest dich für einen Moment mit meinen Augen sehen.

Du würdest erkennen, wie wunderbar du bist – mit all deinen Farben, deinen Ecken, deinen kleinen Wundern, die du oft selbst nicht bemerkst.

Vielleicht würde es dir helfen zu verstehen, dass du schon jetzt genug bist. Nicht erst, wenn alles perfekt ist. Nicht erst, wenn du denkst, du hättest es »geschafft«.

Du bist nicht weniger wert, nur weil du manchmal stolperst oder zweifelst.

Und wenn du das gerade nicht fühlen kannst, dann möchte ich dir das heute sagen: Du bist genau richtig. Mit allem, was du bist. Mit allem, was du fühlst. Es ist okay, wenn du nicht alles tragen kannst, wenn du müde bist oder zweifelst. Du musst nicht immer stark sein. Lass mich dich daran erinnern, wie wertvoll du bist – einfach, weil es dich gibt. Du bist ein Geschenk, vergiss das nie.

Ich sehe dich, mit allem, deinen Schatten, deinem Licht, deinem Schmerz und deiner Freude. Ich schätze dich wert, nicht nur heute, jeden Tag, mag deine Art zu sein; dein Herz, das so tapfer schlägt, wie sehr der Weg auch voller Stolperfallen ist, deine Augen, in denen ich so viel Tiefe sehe, deine Hände und wie du mich damit umarmst, dein Lachen, weil es wie Frühlingsduft in der Luft nachhallt, deine Gedanken, weil ich wissen mag, was dich bewegt und sich auch mal schwer auf dich legt, deine Leidenschaften, denn ich hör so gern, was dich glücklich und lebendig fühlen lässt. Ich mag dich, mit allen Ecken und Kanten. Schön, dass es dich gibt.

Danksagung

Danke, an alle Leser, die meine Gedichte und Gedanken lesen; die davon berührt werden oder gar inspiriert. Auch an die, dich sich denken: Ha!, das kann ja jeder (supi, die Welt braucht Bücher und Kreativität!). An alle, die an mich und meine Träume glauben, die mir früher immer gesagt haben, sie würden meine Bücher lesen (ja, äh, nun ist es so weit).

Danke Dena für das wundervolle Cover (endlich kann ich eines deiner Cover verwenden und nicht nur aus der Ferne bewundern) und den Buchsatz, die Ordnung im Buchstabenchaos. Ebenso danke für die liebevoll ausgewählten Illustrationen, die so gut zu meinen Worten passen.

Danke an meine Testleserin Susann (Lektorat Pacher), du hattest noch wunderbare Tipps und Verbesserungsvorschläge, die mir sehr geholfen haben, auch wenn meine Gedichte und Gedanken keinen gängigen Regeln und Versmaßen entsprachen, du hast auch meinen Mut verstärkt, mich zu trauen und meine Texte in die Welt zu entlassen.

Danke auch für das Korrektorat, René, das mir noch mal Sicherheit brachte, obwohl ich nicht annahm, dass viel falsch oder vertippt sein würde, aber jeder braucht mal eine helfende Hand, und das ist auch voll ok so (und ja, ich rede da nicht nur von Texten :D).

Und danke auch, dass du genau die richtige Mischung aus sein lassen und Eingriffen gemacht hast, war spannend, dass ich tatsächlich teils unbewusst Reimschema verwendet habe. Hat mich auf jeden Fall gefreut mit dir zu arbeiten, war herrlich unkompliziert und gut gemacht.

Danke an meine Freunde und Herzensmenschen, bin so dankbar für euch und ehrlich berührt, wie ihr euch mit mir über mein erstes Buch freut.